MÉMOIRE

SUR L'ÉTIOLOGIE GÉNÉRALE

DES DÉVIATIONS LATÉRALES

DE L'ÉPINE,

PAR RÉTRACTION MUSCULAIRE ACTIVE;

LU A L'ACADÉMIE DES SCIENCES LE 23 SEPTEMBRE 1839,

PAR

LE DOCTEUR JULES GUÉRIN,

Directeur de l'Institut Orthopédique de la Muette, chargé du service spécial des Difformités à l'Hôpital des Enfans malades.

HUITIÈME MÉMOIRE

Sur les difformités du système osseux.

PARIS,

AU BUREAU DE LA GAZETTE MÉDICALE,

Rue Neuve-Racine, n° 16, près de l'Odéon.

1840.

MÉMOIRE

SUR L'ÉTIOLOGIE GÉNÉRALE

DES DÉVIATIONS LATÉRALES

DE L'ÉPINE,

PAR RÉTRACTION MUSCULAIRE ACTIVE.

HUITIÈME MÉMOIRE

SUR LES DIFFORMITÉS DU SYSTÈME OSSEUX.

SÉRIE DE MÉMOIRES

SUR LES DIFFORMITÉS DU SYSTÈME OSSEUX,

Par le Docteur Jules Guérin.

PREMIER MÉMOIRE. — MÉMOIRE SUR L'EXTENSION SIGMOÏDE ET LA FLEXION DANS LE TRAITEMENT DES DÉVIATIONS LATÉRALES DE L'ÉPINE; lu à l'Académie royale de Médecine, le 15 novembre 1835; in-8°, avec planches. — Prix. . . . . 2 fr.

DEUXIÈME MÉMOIRE. — MÉMOIRE SUR LES MOYENS DE DISTINGUER LES DÉVIATIONS SIMULÉES DE LA COLONNE VERTÉBRALE DES DÉVIATIONS PATHOLOGIQUES; présenté à l'Académie royale de Médecine, le 2 juin 1836; précédé de trois Rapports faits à l'Académie sur ce mémoire; in-8°, avec planches. — Prix. . . . . 3 fr.

TROISIÈME MÉMOIRE. — MÉMOIRE SUR UNE NOUVELLE MÉTHODE DE TRAITEMENT DU TORTICOLIS ANCIEN; présenté à l'Académie royale des Sciences, le 3 avril 1838; in-8°. — Prix. . . . . . 2 fr.

QUATRIÈME MÉMOIRE. — MÉMOIRE SUR L'ÉTIOLOGIE GÉNÉRALE DES PIEDS-BOTS CONGÉNITAUX; lu à l'Académie royale de Médecine, le 1er décembre 1838; in-8°. — Prix. . . . . 2 fr.

CINQUIÈME MÉMOIRE. — MÉMOIRE SUR LES VARIÉTÉS ANATOMIQUES DU PIED-BOT CONGÉNITAL DANS LEURS RAPPORTS AVEC LA RÉTRACTION MUSCULAIRE CONVULSIVE; présenté à l'Académie royale des Sciences, le 18 mars 1839; in-8°. — Prix. . . . . . 2 fr.

SIXIÈME MÉMOIRE. — MÉMOIRE SUR LES CARACTÈRES GÉNÉRAUX DU RACHITISME; lu à l'Académie royale des Sciences, le 17 juillet 1837; in-8°, avec planches. — Prix. . . . . 2 fr.

SEPTIÈME MÉMOIRE. — VUES GÉNÉRALES SUR L'ÉTUDE SCIENTIFIQUE ET PRATIQUE DES DIFFORMITÉS DU SYSTÈME OSSEUX, exposées à l'ouverture des conférences cliniques sur les difformités, à l'hôpital des Enfans de Paris; suivies du RÉSUMÉ GÉNÉRAL DE LA PREMIÈRE SÉRIE DES CONFÉRENCES CLINIQUES. — Prix. . . . . 2 fr.

HUITIÈME MÉMOIRE. — MÉMOIRE SUR L'ÉTIOLOGIE GÉNÉRALE DES DÉVIATIONS LATÉRALES DE L'ÉPINE, PAR RÉTRACTION MUSCULAIRE ACTIVE; lu à l'Académie royale des Sciences, le 23 septembre 1839; in-8°. — Prix. . . . . 2 fr.

MÉMOIRE

SUR L'ÉTIOLOGIE GÉNÉRALE

DES DÉVIATIONS LATÉRALES

DE L'ÉPINE,

PAR RÉTRACTION MUSCULAIRE ACTIVE;

LU A L'ACADÉMIE DES SCIENCES LE 23 SEPTEMBRE 1839,

PAR

LE DOCTEUR JULES GUÉRIN,

Directeur de l'Institut Orthopédique de la Muette, chargé du service spécial des Difformités à l'Hôpital des Enfans malades.

PARIS,

AU BUREAU DE LA GAZETTE MÉDICALE,

Rue Neuve-Racine, n° 16, près de l'Odéon.

1840.

IMPRIMERIE DE FÉLIX MALTESTE ET Cie,
Rue des Deux-Portes-St-Sauveur, 18.

AVERTISSEMENT.

Ce mémoire est le développement et l'application à l'étude des déviations latérales de l'épine, de la doctrine que j'ai exposée dans mon mémoire sur l'étiologie générale du pied-bot congénital. Considérée à ce point de vue, la déviation de la colonne vertébrale, c'est le pied-bot du dos, c'est-à-dire la rétraction musculaire effectuant dans l'épine, comme dans le pied, des changemens de direction et de formes anormales, avec des modifications relatives aux conditions et à la constitution spéciales des parties, et relatives aux différens modes de distribution de la rétraction. Ainsi que nous le disions en tête de notre mémoire sur le pied-bot, c'est le même fait que nous avons été obligé de fragmenter, mais dont les diverses parties se ressouderont et se fondront en une unité tout homogène, au fur et à mesure qu'elles se produiront. Le pied-bot, la déviation de l'épine, le torticolis, les luxations congénitales et bon nombre de monstruosités sont ainsi des expressions partielles et variées d'une même cause, au même titre que les différentes variétés du pied-bot congénital, *équin*, *varus*, *valgus*, réalisent, dans de moindres proportions, des manifestations d'un seul et même fait, de la rétraction musculaire diversement distribuée dans les muscles de la jambe et du pied. Je me borne à ce peu de mots sur la véritable signification de ce mémoire; son contenu achèvera de mettre en lumière l'affinité intime qu'il a avec ses aînés.

MÉMOIRE

SUR L'ÉTIOLOGIE GÉNÉRALE

DES DÉVIATIONS LATÉRALES

DE L'ÉPINE,

PAR RÉTRACTION MUSCULAIRE ACTIVE.

En communiquant, il y a quelque temps, à l'Académie, le résultat de mes premiers essais sur le traitement des déviations latérales de l'épine, par la section des muscles du dos, j'ai posé en principe, et comme base de cette nouvelle méthode de traitement, que le plus grand nombre des déviations de l'épine sont, comme le pied-bot, le torticolis ancien et les autres difformités articulaires congéniales, le résultat de la rétraction musculaire primitive. C'est au développement et à la démonstration de cette proposition que j'ai consacré ce premier mémoire.

Et d'abord, pour ne laisser aucun vague dans la discussion à laquelle je vais me livrer, je dois dire quelques mots du phénomène de la rétraction musculaire active, considérée comme cause de difformités du système osseux. On savait que sous l'influence d'une certaine manière d'être du système nerveux, les muscles peuvent être pris tout à coup de mouvemens spasmodiques involontaires, à la suite desquels ils restent raccourcis, tendus, entraînant avec eux, dans la direction de leur action, les portions du squelette sur lesquelles ils s'insèrent. Ce phénomène, qu'on n'avait pas étudié jusqu'ici dans ses rapports avec les difformités du système osseux, ni analysé dans ses élémens, et dont l'existence n'avait pas même été soupçonnée chez le fœtus, est, à mes yeux, le principal agent des difformités articulaires congéniales et consécutives. J'ai exposé les faits qui servent de base à cette doctrine, dans le travail que j'ai adressé au concours de l'Académie des sciences pour le grand prix de chirurgie, ainsi que le constate le rapport sur ce concours. Les différens travaux que j'ai publiés depuis sur cette matière et le mémoire que je vais avoir l'honneur de lire devant l'Académie ne sont que des développemens et des applications de mes précédentes recherches.

Pour prouver d'une manière directe, irrécusable, que les déviations de l'épine sont, dans le plus grand nombre des cas, le produit de la rétraction musculaire primitive, il faudrait pouvoir, à l'exemple des chimistes et des physiciens, effectuer d'emblée des difformités de cette espèce, en mettant en jeu, au moyen de l'expérimentation, la cause essentielle que je leur attribue. Cette méthode est, en effet, la seule qui, jusqu'ici, et principalement aux yeux de l'Académie des sciences, ait eu le privilége d'entraîner une conviction complète. Mais, outre que l'affection nerveuse qui produit la rétraction musculaire n'est pas assez connue dans son essence et dans ses conditions de production, il ne serait pas permis de la provoquer chez l'homme; et cependant l'homme seul réunit, comme je le démontrerai plus tard, toutes les conditions au développement de ces sortes de difformités. C'est donc à l'observation seule qu'il faut recourir pour établir d'une manière rigoureuse ce que l'expérience ne me permet pas de démontrer directement.

Eh bien ! je ne crains pas de le dire, au risque d'anticiper sur les résultats des preuves que je vais présenter, l'observation appliquée à toutes les conditions où la déviation de l'épine, de nature musculaire active, se manifeste, appliquée à toutes les phases, à toutes les combinaisons, à toutes les modalités de cette cause, appliquée surtout à la série méthodique de ses effets, fera ressortir son existence avec une évidence aussi complète que celle que fournirait l'expérimentation directe.

PREMIÈRE QUESTION.

EXISTE-T-IL DES EXEMPLES DE DÉVIATIONS DE L'ÉPINE, ACCOMPAGNÉES D'ALTÉRATIONS MATÉRIELLES DES CENTRES NERVEUX, ET ÉVIDEMMENT CAUSÉES PAR CES ALTÉRATIONS?

On peut répondre immédiatement à cette première question par l'affirmative. Oui, il existe des déviations de l'épine accompagnées d'altérations évidentes, matérielles des centres nerveux. L'existence de ce fait, je l'ai établie dans deux ordres de circonstances fort différentes, mais également importantes à constater, parce qu'elles fournissent, à des points de vue différens, des lumières vives pour la solution de la question qui nous occupe. Ainsi, d'une part, il existe chez certains fœtus monstres et autres, des déviations de l'épine, accompagnées de beaucoup d'autres difformités articulaires, coïncidant avec une altération plus ou moins profonde du système nerveux; et, d'autre part, il existe chez certains individus d'âge et de sexe différens, des déviations de l'épine qui se sont manifestées à la suite d'affections de même nature, pendant la vie extra-utérine. Mettons d'abord ces deux faits hors de doute.

J'ai rapporté, dans mon ouvrage pour le concours du grand prix de chirurgie, une série d'observations relatives à des monstres et à des fœtus plus ou moins déformés, chez lesquels on pouvait constater des altérations évidentes du cerveau et de la moelle épinière ou de leurs enveloppes, depuis la destruction complète de ces centres jusqu'à la simple altération d'un de leurs points circonscrits. Ces deux extrêmes d'action d'une seule et même cause ont pu être liés par une série décroissante d'altérations identiques, différant seulement d'intensité, de manière à former une chaîne non interrompue de manifestations de moins en moins prononcées de la même maladie sur des individus différens. A côté des altérations dont il s'agit, on trouvait une série de difformités des diverses parties du squelette, proportionnées en nombre et en degré à l'étendue et à l'intensité des lésions des centres nerveux. Ainsi, avec la destruction complète ou partielle du cerveau et de la moelle, coïncidaient des déviations, des torsions énormes des membres supérieurs et inférieurs, dans leurs différentes jointures; les mains, les pieds, les coudes, les épaules, les genoux, les hanches étaient déviés en différens sens, déplacés, fléchis ou étendus de la manière la plus exagérée. Concurremment avec ces difformités, il existait des courbures de la colonne vertébrale, souvent portées au plus haut degré, repliant cette tige d'avant en arrière, ou latéralement, au point de réduire le tronc à la moitié ou au tiers de sa hauteur. Dans les cas où l'affection des centres nerveux avait été moins intense, on retrouvait encore les mêmes difformités simultanées des membres et de l'épine, mais à un moindre degré, et finalement quelques-unes de ces difformités seulement, avec une altération plus circonscrite d'une portion du cerveau ou de la moelle. La subordination de ces deux ordres de faits, les altérations du système nerveux, d'une part, et les difformités articulaires du squelette, de l'autre, déjà presque établie par le seul fait de leur simultanéité, ne pouvait être méconnue : car les muscles qui en étaient les intermédiaires étaient considérablement durs, raccourcis, tendus, dans le sens des difformités, formant la corde de leurs courbures ou de leurs angles, et toujours à un degré qui excluait l'idée d'une position anormale primitive, perpétuée par le raccourcissement consécutif des muscles; ainsi, dans certains cas, j'ai constaté des flexions antérieures de la jambe sur la cuisse, et la flexion postérieure de l'avant-bras sur le bras, c'est-à-dire dans le sens opposé à la flexion normale. Le triceps fémoral était très court, tendu, et la rotule remontée sur la face antérieure de la cuisse; il en était de même du triceps brachial, et de la position de l'olécrâne qui remontait bien au-delà des limites physiologiques sur la face postérieure de l'humérus. A côté de ces difformités la colonne était repliée en différens sens, attirée et bridée des deux côtés par les muscles longs du dos, qui représentaient la corde des courbures qu'elle décrivait : quand on voulait redresser ces courbures, la tension extrême des muscles latéraux s'y opposait complètement. Enfin, il y avait parfois des luxations du coude, des fémurs, et même des courbures anguleuses des os des membres, par suite de fractures dans le sens de l'action des muscles rétractés. J'ai constaté ces résultats, non seulement chez des fœtus humains, mais encore chez des fœtus d'animaux, de veau, par exemple, où les déviations de l'épine n'étaient pas moins prononcées que chez les fœtus humains. Enfin, je les ai constatés aux différentes phases de l'affection des centres nerveux, depuis la destruction complète du cerveau, de la moelle et de leurs enveloppes, jusqu'à la simple altération partielle de ces parties, et toujours avec la même simultanéité, la même connexion de difformités, attestant une communauté d'origine, et leur subordination commune à l'affection nerveuse. Je mettrai tous ces faits authentiques à la disposition de la commission que l'Académie voudra bien charger de l'examen de ce travail.

Il est inutile, pour le moment, de discuter la question de savoir si l'existence des déviations de l'épine, accompagnant d'autres difformités causées par la rétraction musculaire, entraîne rigoureusement la nécessité d'une cause identique? Les faits qui suivront résoudront d'eux-mêmes cette difficulté. Ajoutons seulement que l'existence des déviations de l'épine observées chez le fœtus exclut toute idée de causes empruntées aux différentes conditions de la station verticale et de ses conséquences, et qu'avec le secours de nos connaissances sur les rapports du système nerveux avec les muscles, il n'est pas permis de douter, en voyant une altération profonde d'un des points du système nerveux, coïncidant avec des raccourcissemens considérables et généraux des muscles, que l'un de ces faits ne soit le résultat de l'autre. Mais les faits observés après la naissance dissipent toute incertitude à cet égard, et dispensent de recourir à des inductions qui n'auraient pas le caractère de la certitude directe.

S'il est vrai que les déviations de l'épine qu'on trouve chez les fœtus, avec des traces d'affection matérielle des centres nerveux, sont bien le résultat de ces altérations, il doit être possible de rencontrer, après la naissance, des répétitions des mêmes faits, de manière à permettre à l'observateur de constater directement, comme s'il expérimentait lui-même, la production des déviations de l'épine sous l'influence des rétractions musculaires mises en jeu par des affections nerveuses. Et, en effet, j'ai observé, à partir de quelques jours après la naissance, jusqu'à l'âge adulte, un très grand nombre de cas de déviations latérales de l'épine, survenues immédiatement après des affections cérébrales, cérébro-spinales, et accompagnées, comme chez le fœtus, d'un très grand nombre d'autres difformités articulaires, toutes causées évidemment par le raccourcissement actif des muscles rétractés. Après avoir constaté cette première catégorie de faits, dans lesquels la généralité d'action de la cause, c'est-à-dire la lésion centrale du système nerveux, était représentée par la généralité de ses effets, par la rétraction de presque tous les muscles du tronc, tenant sous leur dépendance la distorsion de presque toutes les articulations du squelette, j'ai cherché à suivre, après la naissance, comme je l'avais fait pour le fœtus, la décroissance des difformités en nombre et en intensité, liée à la décroissance de l'affection nerveuse qui la produit. J'ai été assez heureux pour réunir une collection de cas de cette nature; j'en ai composé une série régulièrement décroissante de difformités de l'épine dues à une affection du cerveau ou de la moelle, et se présentant avec un entourage de difformités des autres articulations du squelette, depuis la déviation extrême, accompagnée de déviations de toutes les brisures du squelette, jusqu'à la déviation peu prononcée, accompagnée seulement de la déviation d'un pied ou d'une main. Tous ces faits, ou plutôt toutes ces expériences, constatées directement par moi, répétées un assez grand nombre de fois pour qu'aucun cas ne se soit montré une fois seulement, m'ont paru établir, d'une manière définitivement rigoureuse, qu'il existe chez le fœtus comme chez l'enfant des déviations latérales de l'épine évidemment causées par la rétraction musculaire active, dépendant d'une affection des centres nerveux. J'ai dit que j'avais non seulement observé ces cas chez l'enfant nouveau-né, mais à toutes les périodes de l'enfance jusqu'à l'âge de la puberté; en effet, je possède plusieurs observations de déviations de l'épine, survenues chez des jeunes filles de 15 à 16 ans, à la suite d'affections convulsives du cerveau et de la moelle. Je reviendrai sur ces faits plus tard.

La première question que j'ai soulevée, à savoir, *s'il existe des exemples de déviations de l'épine accompagnées d'altérations matérielles des centres nerveux et évidemment causées par ces altérations*, est donc résolue d'une manière certaine par l'expérience. Je dis par l'expérience, car il est bon de s'entendre sur ce point : la science n'a ni le pouvoir ni le droit de produire d'emblée des affections cérébrales chez l'homme dans le but de constater la production des déviations de l'épine; mais la nature expérimente pour lui, et il peut profiter de ses expériences comme s'il les avait faites lui-même; la seule différence qu'il y ait, dans ce cas, entre l'observateur et l'expérimentateur, c'est qu'il ne reproduit pas les expériences de la nature à volonté, et qu'il est obligé d'en attendre le retour pour en démontrer la réalité; ce n'est là qu'une difficulté de temps qui explique en partie la lenteur et les difficultés du progrès des sciences d'observation, comparées aux sciences d'expérimentation. Passons à un autre point, ou plutôt à une seconde question.

DEUXIÈME QUESTION.

EXISTE-T-IL, EN L'ABSENCE D'ALTÉRATIONS MATÉRIELLES DES CENTRES NERVEUX, DES MOYENS CERTAINS DE RECONNAITRE QU'UNE DÉVIATION DE L'ÉPINE EST LE PRODUIT DE LA RÉTRACTION MUSCULAIRE ACTIVE, MISE EN JEU PAR UNE AFFECTION NERVEUSE ?

Cette question n'est pas moins facile à résoudre par l'affirmative que la précédente. Oui, il existe des moyens sûrs de reconnaître, en l'absence d'altérations matérielles permanentes des centres nerveux, qu'une déviation de l'épine est néanmoins le produit d'une affection de ce système.

Les cas dans lesquels il n'est pas possible de constater directement une altération des centres nerveux accompagnant la déviation de l'épine, sont les plus nombreux : ce sont presque tous ceux qu'on observe sur le vivant; car la constatation directe d'une altération matérielle du cerveau ou de la moelle ne peut se faire qu'après la mort. Disons, toutefois, que cette constatation, nous l'avons faite plusieurs fois, c'est-à-dire qu'après avoir vu des sujets vivans atteints de déviations de l'épine que nous rapportions à une lésion nerveuse antérieure ou postérieure à la naissance, nous avons pu vérifier par l'autopsie l'exactitude de notre diagnostic. Mais comme, dans la majorité des cas, cette vérification n'est pas possible, la question est donc de savoir s'il existe des moyens certains de reconnaître, sans le secours de l'autopsie, les déviations de l'épine causées par une affection nerveuse déterminant la rétraction musculaire. La solution de cette question peut s'obtenir de deux manières, et par deux ordres de faits différens. Ou bien la déviation est accompagnée d'autres effets de la maladie qui lui a donné naissance, ou bien elle est le seul retentissement, la seule émanation appréciable de cette affection. Examinons ce qui se passe dans les deux cas.

Lorsqu'une affection nerveuse a produit une déviation de l'épine, il est rare que ses effets n'aient pas débordé le champ de cette difformité. Une affection nerveuse convulsive se révèle dans la majorité des cas par d'autres effets que par la rétraction de certains muscles, et à supposer qu'elle ne se manifeste d'une manière visible que par des spasmes musculaires, il est encore très rare qu'elle borne ces spasmes aux muscles de l'épine. Il y a donc, dans cette première catégorie de déviations de l'épine, des caractères généraux, des traces matérielles de la maladie, accusés dans le reste de l'organisme. Ces traces sont, d'une part, toutes celles que laissent après elles toutes les maladies du cerveau et de la moelle; ce sont, dans la physionomie, une apparence de convulsion; les deux moitiés de la face sont inégales, non symétriques; les traits tirés d'un côté, les yeux inégaux: souvent un ou tous les deux sont atteints de strabisme; ils sont plus gros, moins mobiles qu'à l'état normal; leur force visuelle est différente ; la pupille est plus dilatée d'un côté que de l'autre; les deux moitiés du front sont parfois inégales; toute l'étendue du corps peut offrir un défaut de symétrie; la force est souvent plus grande d'un côté que de l'autre, à part l'influence de la prédominance d'exercice; quelquefois même il y a un peu de paralysie. Voilà les caractères les plus généraux de l'affection nerveuse, vue dans ses reflets les plus éloignés. Avec ces apparences qui entourent la déviation de l'épine de nature musculaire convulsive, apparences insuffisantes encore pour reconnaître d'une manière certaine la maladie dont elles émanent, concourent d'une manière bien plus efficace les rétractions simultanées des différens ordres de muscles autres que ceux de l'épine, rétractions donnant lieu à autant de difformités articulaires. Il n'est pas rare, en effet, de rencontrer, avec les déviations de la colonne vertébrale, des torticolis, des déviations des pieds, des mains, des flexions permanentes de la main, des genoux, du coude, ou l'une ou l'autre de ces difformités. Or, que dit cet accompagnement, surtout quand il s'entoure des caractères plus généraux d'une ancienne affection cérébrale convulsive? Il jette sur l'origine de la déviation de l'épine un surcroît de lumière; il la montre comme enchevêtrée dans une foule d'élémens, dont elle fait en quelque sorte partie elle-même pour constituer un seul et même fait par rapport à une cause commune. L'épine, déviée simultanément avec le torticolis, avec le pied-bot, avec la flexion permanente du coude, c'est-à-dire avec la rétraction des muscles du cou, de ceux du pied, de ceux du bras, le tout complété par la physionomie convulsive et quelques-uns des rudimens de paralysie qu'on remarque sur les sujets anciennement atteints de maladies cérébrales, c'est la fraction d'un seul et même phénomène mis en regard des autres parties intégrantes, et recevant, d'une même cause, tous les caractères et tous les reflets de leur commune origine. Il faut voir les faits de cette nature, pour être frappé de cette physionomie d'ensemble, pour acquérir incontinent la conviction qu'il serait tout à fait illogique de détacher la déviation de l'épine de son entourage significatif, et d'en constituer un phénomène à part, au milieu d'autres phénomènes. Pour moi, j'ai rencontré un si grand nombre de cas de cette espèce, qu'il me serait impossible de les citer, même par leurs catégories les plus générales. J'inviterai les personnes qui ne seraient pas encore familières avec les faits de cette nature, à visiter les hospices spécialement consacrés aux affections nerveuses, comme Bicêtre et la Salpêtrière; c'est là que mon observation s'est exercée en grand; là elles verront des maniaques, des épileptiques, des hémiplégiques, des paralytiques, et toutes les formes des affections nerveuses, accompagnées des diverses formes, des diverses combinaisons des affections musculaires convulsives, et consécutivement des difformités auxquelles ces affections donnent naissance. Elles verront le torticolis avec le pied-bot; le torticolis avec la déviation de l'épine: la déviation de l'épine avec le pied-bot; la déviation de l'épine avec la flexion permanente des mains, du coude, du genou; elles verront l'une ou l'autre de ces difformités accouplée avec la déviation de l'épine, ou la déviation de l'épine perdue, pour ainsi dire, au milieu de cet entourage général, le tout accompagné des caractères les plus significatifs des affections nerveuses cérébrales ou cérébro-spinales anciennes. Voilà donc le premier terme de ma proposition démontré, et démontré, je pense, aussi rigoureusement qu'il est possible avec le seul secours de 'observation et de l'induction.

Le second terme comprend les cas de déviations de l'épine également produites par la rétraction musculaire, mise en jeu par une affection nerveuse; mais dans lesquels cette origine n'est pas dévoilée par ces reflets généraux et ces manifestations éloignées qui d'ordinaire la trahissent sur le champ. Car la maladie, ainsi que nous le montrerons plus tard, peut n'avoir retenti que sur des points isolés; elle peut n'avoir atteint d'une manière profonde et durable que les muscles de l'épine; elle peut même être née et s'être circonscrite dans les nerfs qui animent ces muscles; il s'agit donc de savoir si dans ces cas de circonscription de la cause, on peut encore la saisir, la déterminer, enfin la reconnaître au moyen de caractères aussi certains que pour les cas de la catégorie précédente. Ici, comme on le voit, la tâche devient plus délicate et plus difficile.

Et d'abord établissons d'une manière incontestable le fait de l'existence des déviations de l'épine produites par une affection nerveuse mettant exclusivement en jeu les muscles de l'épine, sans autre trace de son action. On remarquera que cette délimitation de la rétraction musculaire implique pour la cause une circonscription proportionnelle de siége et de degré; c'est-à-dire que l'affection cérébro-spinale ou spinale seulement agit à un moindre degré dans le cas où elle se résout dans la simple rétraction des muscles du dos, que lorsqu'elle se traduit sur un plus grand théâtre, et sévit d'une manière plus intense et plus profonde. Ainsi que je l'ai démontré pour le pied-bot, ce fait de la délimitation de la cause, tant par rapport à son siége qu'à son degré, peut être constaté directement. Il consiste dans une lésion d'un des points les plus circonscrits du système cérébro-spinal ou de ses enveloppes ou dans les nerfs mêmes qui se distribuent aux muscles rétractés. Or, ces faits je les ai constatés plusieurs fois directement; j'ai vu, et les cas de cette nature ne sont pas assez rares pour qu'il ne soit facile à chacun de les vérifier, j'ai vu, dis-je, des déviations de l'épine survenir après des atteintes très locales de cette maladie. Mais le *post hoc* ne suffirait pas plus ici qu'en beaucoup d'autres circonstances pour légitimer le *propter hoc:* voici les preuves directes qui m'ont permis d'établir dans ces cas la subordination d'un des deux faits à l'autre.

Et d'abord lorsque l'on compare les déviations de l'épine de cette dernière catégorie à celles qui sont accompagnées de traces matérielles d'affections cérébro-spinales, on trouve une exacte ressemblance; je dirai plus, une identité complète de formes, surtout lorsqu'on les compare chez des sujets qui ont été placés consécutivement dans des conditions analogues, et lorsque l'on compare ensemble des déviations du même degré. Elles ont le même siége, la même direction, le même nombre de courbures, les mêmes reliefs et les mêmes dépressions; elles empruntent les mêmes élémens anatomiques; elles sont soumises aux mêmes lois de développement et de progression, sans autres caractères différentiels que ceux qui résultent des différentes manières d'agir de la cause; car, je le dirai par anticipation, l'affection nerveuse, bien qu'identique dans son essence, ne produit pas toujours la rétraction des mêmes muscles, ni de tous les muscles, ni au même degré dans tous les muscles; elle n'agit d'ailleurs pas d'une manière absolue quant à son mode d'action essentielle; mais à part les différences qui résultent de cette complexité d'action de la cause, différences qui entraînent d'ailleurs une somme égale et parallèle d'effets proportionnels; à part ces différences, dis-je, dont j'indiquerai plus tard les conditions et les caractères, les formes extérieures des déviations de l'épine produites par l'altération matérielle évidente des centres nerveux, et les formes de celles où cette altération ne se révèle que par la déviation elle-même, sont parfaitement semblables : que conclure déjà de cette identité de formes ou d'effets, sinon qu'elle implique l'identité de leurs causes ? Mais cette démonstration par induction peut être rendue bien plus complète par l'indication de caractères matériels, directs, inhérens au fait même qu'il s'agit de déterminer. Le fait de la rétraction musculaire, ses rapports avec les muscles qu'elle met en jeu, les rapports de ces derniers avec les parties qu'ils déplacent et déforment, fournissent des lumières aussi précises que certaines, et s'expriment par des caractères aussi fidèles qu'ils sont étroitement liés à la cause dont ils émanent.

Le premier caractère de la rétraction musculaire considérée dans sa forme la plus générale, c'est le raccourcissement du muscle rétracté, raccourcissement actif, qui diffère essentiellement du retrait passif ou consécutif en ce sens qu'il adapte violemment la portion et les rapports des portions du squelette où il siége, à sa direction, à sa longueur et à sa largeur, et par conséquent se montre sous les apparences de cordes ou de brides tendues entre les deux ou plusieurs points qu'il tient ainsi rapprochés. Le raccourcissement passif ou consécutif qui résulte, comme je l'ai démontré, du rapprochement des points d'insertion des muscles, n'est point accompagnée de tension; les portions déviées du squelette ne réagissent pas incessamment contre eux; en un mot, ils remplissent exactement l'espace, mais obéissent à l'espace au lieu de le limiter. Ce n'est pas tout. Le raccourcissement actif ayant pour effet de provoquer et déterminer, par suite des résistances du squelette, une tension considérable des muscles rétractés, ceux-ci acquièrent progressivement une texture dépendant de leur tension continue ; c'est-à-dire ils deviennent fibreux, tandis que les muscles passivement raccourcis perdent de leur consistance et tendent à passer à l'état graisseux. Ces différences de texture se manifestent sur le sujet vivant par des apparences qui lui sont propres. Le muscle primitivement rétracté et passé à l'état fibreux est dur, ramassé en faisceau, résistant sous la peau; on dirait parfois qu'il a acquis une consistance fibro-cartilagineuse, surtout quand on a soin de tenir les points d'insertion du muscle éloignés. Des caractères opposés accusent également la texture intime du muscle passivement rétracté; dans tous les cas son tissu est médiocrement résistant: il conserve sa forme et sa consistance primitives, ou plutôt il perd de cette consistance pour offrir plus de mollesse qu'à l'état normal; cette mollesse accuse la dégénérescence graisseuse dont il est déjà le siége. Voilà certainement des caractères matériels fort différens, et qui émanent directement de l'essentialité de leur cause respective. Ce n'est pas tout.

Les muscles ont un siége et une direction d'action déterminés à l'état physiologique. J'ai déjà montré pour le pied-bot et le torticolis que ce siége et cette direction d'action se trouvent parfaitement en rapport avec la déviation qu'ils effectuent. Ce nouvel accord entre les formes et leurs agens, je me borne à l'énoncer ici comme un fait général, parce que si je voulais entrer dans ses applications, je me trouverais transporté hors du cadre que je me suis tracé; je serais forcé de faire l'histoire particulière des variétés de ces déviations; puisque ces variétés sont le produit de la rétraction différemment distribuée dans les muscles du dos, et leurs formes la représentation et l'expression rigoureuse des différentes combinaisons d'action des muscles. Je me borne donc à énoncer le fait du rapport entre le siége et la direction d'action des puissances musculaires et les déplacemens de la colonne qu'elles déterminent. Ce fait du rapport constant du siége et de la direction des muscles rétractés avec les portions du squelette qu'ils déplacent, dont j'ai montré l'existence dans toutes les difformités articulaires de cette origine (dans le torticolis, le pied-bot, dans les autres difformités des mains, du poignet, du coude, etc.), est, par sa généralité, une preuve analogique de plus de l'identité de nature des déviations de l'épine et des autres difformités où il se rencontre. Quand il me sera possible d'aborder l'histoire des mêmes rapports entre les variétés des déviations de l'épine de cette nature, et les muscles qui décident de ces variétés, cet ordre de caractères acquerra un degré d'importance et d'évidence bien plus marqué.

Enfin, les différentes manières dont les muscles de l'épine peuvent être rétractés par rapport à leur nombre, ou simplement par rapport aux parties dont chacun d'eux est composé, et les différens modes d'action par lesquels se traduit la rétraction à ses différens degrés, fournissent une dernière série de caractères immédiats, à l'aide desquels l'origine des déviations de la colonne qu'elle produit peut être mise en évidence.

Comme je l'ai montré pour le pied-bot et le torticolis, le raccourcissement actif des muscles peut, à l'épine, être limité à un muscle ou à une portion seulement d'un même muscle, et les différens élémens de la rétraction, ainsi que je les ai antérieurement établis en faisant l'histoire analytique de ce fait, à savoir, le raccourcissement immédiat, la paralysie incomplète et la paralysie complète avec atrophie, peuvent être différemment combinés dans les muscles ou quelques-unes de leurs parties. On peut mieux lire la nature du fait dans sa physionomie ainsi diversifiée par la distribution différente et différemment localisée de ses élémens.

Or, comme tous les états de la rétraction ont leurs caractères propres, il n'est pas difficile d'en constater la distribution particulière dans tel ou tel muscle ou dans telle ou telle portion de muscle. C'est ainsi que j'ai vu certaines portions du trapèze complètement rétractées, fibreuses, à côté d'autres portions paralysées, atrophiées, membraneuses, et à côté d'autres muscles sains; c'est ainsi que j'ai vu tous les muscles du dos entièrement rétractés déterminant un raccourcissement, un rabougrissement extrême du tronc; c'est ainsi au contraire que j'ai vu encore quelques cas dans lesquels le long dorsal seul était rétracté à côté du sacro-lombaire qui n'était que passivement raccourci; d'autres dans lesquels une portion minime seulement d'un de ces deux muscles, un simple faisceau du long dorsal, par exemple, contrastait par sa tension et sa dureté extrêmes avec la consistance normale des parties voisines. C'est là, je le répète, qu'on peut le mieux lire la réalité matérielle de la cause; car ses modes divers de distribution mettent en présence et en contraste les caractères opposés des modifications de texture et de forme que les différens modes de rétraction déterminent.

Je sais très bien, et je dois le dire immédiatement pour prévenir ou détruire des objections qui naissent toujours d'un défaut de notion des choses et de la manière de les constater, que cet ensemble de caractères auxquels j'ai attribué une physionomie si particulière, si frappante, ne se montre pas toujours en reliefs matériels et grossièrement palpables, tels qu'on puisse les lire à toutes les distances et avec tous les yeux. Il existe au contraire beaucoup de conditions qui en masquent les apparences. Jusqu'ici on n'avait constaté d'une manière bien évidente à l'extérieur, les caractères matériels de la rétraction musculaire, que dans les muscles sterno et cléïdo-mastoïdiens et dans le tendon d'Achille. J'ai indiqué déjà les moyens de saisir les mêmes caractères dans les autres muscles du col, de la jambe et du pied, lesquels peuvent aussi, en vertu de certaines circonstances, être obscurcis. Je ferai connaître dans la suite de ce travail quelles sont ces circonstances pour l'épine; elles sont assez nombreuses, assez importantes et assez nouvelles, pour que je me réserve de les indiquer dans un mémoire à part. Elles sont d'ailleurs inhérentes à des phénomènes dont la détermination importe à plusieurs autres points de la connaissance et du traitement des difformités.

Si je résume les développemens dans lesquels je suis entré, je dirai à l'égard des déviations de nature musculaire active qui n'offrent pas pour la détermination de leur cause essentielle la présence d'altérations matérielles directement constatées du système nerveux, que les unes sont accompagnées d'une collection de caractères généraux d'une même signification, répartis sur les divers points du corps, et au milieu desquels ils prennent place comme parties intégrantes d'un même tout; que les autres, quoique dépourvues de cet accompagnement général auxiliaire, portent encore avec elles une physionomie spéciale, un ensemble de caractères propres, fournis par la texture des muscles rétractés, par le siége et la direction d'action de ces muscles, par les différens modes de distribution et de combinaison de la rétraction, soit sous le rapport des muscles eux-mêmes et des parties dont ils sont composés, soit sous le rapport des différentes manières d'être et d'agir de la rétraction musculaire. Je me réserve, comme je l'ai dit plus haut, de faire l'application analytique de cette formule aux différentes variétés des déviations qui en sont l'expression, et de donner par cette application une nouvelle évidence à cette détermination.

TROISIÈME QUESTION.

QUELS SONT LES DIFFÉRENS MODES DE LA RÉTRACTION MUSCULAIRE ACTIVE, PAR RAPPORT AUX DÉVIATIONS DE L'ÉPINE, ET DANS QUELLE LIMITE DOIT ELLE ÊTRE CIRCONSCRITE COMME CAUSE OU ÉLÉMENT ACTIF DE CES DIFFORMITÉS?

Dans les deux premières parties de ce mémoire, j'ai cherché à démontrer la réalité de l'existence de certaines déviations de l'épine par la rétraction musculaire active, et j'ai exposé les caractères généraux propres à faire reconnaître les difformités de cette nature. Je vais maintenant prouver la plus grande fréquence relative de ces sortes de déviations par rapport à celles qui résultent primitivement d'autres causes et montrer que dans ces dernières mêmes la rétraction musculaire active concourt pour une part importante à leur réalisation.

J'ai cité précédemment, parmi les faits qui peuvent établir d'une manière incontestable l'existence de déviations causées par la rétraction musculaire active, les cas où la maladie nerveuse est accompagnée d'une altération matérielle du cerveau ou de la moelle; j'ai encore cité les cas où la maladie convulsive a été tellement évidente et profonde qu'elle a laissé dans la physionomie et dans l'ensemble de l'économie, des traces matérielles de son existence. Si la rétraction musculaire causant les déviations de l'épine n'était mise en jeu que dans ces circonstances graves, quoique assez fréquentes, elle n'absorberait pas à son profit, comme je l'ai dit, le plus grand nombre de ces difformités; mais il est loin d'en être ainsi, comme on va le voir.

Et d'abord matériellement parlant, j'ai établi que la rétraction musculaire active pouvait dépendre d'une altération du cerveau, de la moelle ou des nerfs mêmes qui se distribuent aux muscles rétractés. Jusque-là je me suis tenu dans la limite des faits où l'altération nerveuse est en quelque façon palpable. Mais pour que cette altération existe et qu'elle existe au degré suffisant pour produire la déviation de l'épine, il n'est pas nécessaire que le cerveau ou la moelle ou leurs enveloppes soient totalement ou partiellement détruits, mais simplement qu'il existe une manière d'être anormale de ces sources de la motilité ou de quelque rameau nerveux seulement d'où nait le raccourcissement spasmodique des muscles. Or le champ de ce phénomène ainsi agrandi dépasse de beaucoup l'horizon qu'on serait tenté de lui assigner.

En effet, ceux qui ont porté leur attention vers les affections nerveuses qui se traduisent par des convulsions, par des troubles passagers, mais réels de la motilité, savent combien le développement de l'organisme est traversé par ces affections. Il suffit de rappeler les principales circonstances où elles se présentent et celles qui en favorisent le développement pour saisir le rapport qu'on avait signalé de tout temps entre les déviations de l'épine et ces circonstances. Est-il nécessaire de rappeler la fréquence des convulsions de l'enfance, celles qui accompagnent presque toujours la dentition, qui compliquent presque toujours à cet âge les maladies éruptives, la variole, la rougeole, la scarlatine, et jusqu'aux moindres affections fébriles? Est-il besoin de faire remarquer que ces convulsions, leurs diverses nuances, se montrent avec d'autant plus de fréquence que les sujets sont plus jeunes, plus débiles, plus nerveux? plus fréquentes chez les enfans des villes que chez ceux de la campagne, chez les jeunes filles que chez les garçons? Or il n'est pas besoin d'insister pour montrer que l'enfance, le séjour des villes, la classe pauvre, la faiblesse de la constitution, la prédominance du système nerveux, le sexe féminin, sont autant de conditions favorables au développement des affections nerveuses spasmodiques. La liaison de ces faits, établie par leur simple rapprochement, l'est bien mieux lorsque l'on considère de plus près l'influence du spasme nerveux sur les muscles et l'influence des muscles atteints de ce spasme sur l'état présent du squelette et sur son développement ultérieur.

On sait en premier lieu qu'il n'est pas rare de voir à la suite des diverses maladies de l'enfance, même à la suite de celles où les convulsions ou le simple spasme momentané ont été si peu prononcés et si passagers qu'on ne les constate pas toujours, on sait, dis-je, que pendant et à la suite de ces maladies, il reste souvent quelqu'un des muscles du cou ou des membres plus ou moins contracturé; cet état, se résolvant souvent avec les autres suites de la maladie, n'entraîne pas de difformité. Mais on ne voit que les muscles les plus apercevables comme ceux du cou ou des bras, et leurs effets sur la direction des parties du squelette qu'ils tiennent sous leur dépendance sont d'autant plus prononcés que ces parties sont plus visibles et le siége de mouvemens plus étendus. Mais les mêmes phénomènes de spasme ont lieu dans les muscles de l'épine, et si les caractères directs des déviations qui ont cette origine ne l'établissaient pas d'une manière certaine, on pourrait encore l'induire du grand nombre de nerfs qui se distribuent aux muscles de cette région, et qui reçoivent immédiatement, par leurs rapports si intimes avec la moelle épinière, les moindres retentissemens des affections de cette dernière. L'existence de ces faits ne repose pas d'ailleurs sur ces inductions seulement : il arrive assez souvent qu'on peut prendre directement la nature sur le fait; des déviations de l'épine se forment presque d'emblée comme les torticolis, comme les flexions permanentes du coude, du genou, et comme les pieds-bots, et si on ne les voit pas se développer aussi vite, c'est que les résistances de l'épine sont plus grandes, et les muscles rétractés maintenus dans des gaines qui les empêchent de se montrer en relief sous la peau. Elles se développent plus tard, plus lentement, mais toujours sous la dépendance de l'affection spasmodique du muscle. J'ai montré en effet, dans mon mémoire sur l'étiologie générale du pied-bot, que les muscles atteints de rétraction spasmodique sont frappés d'une espèce de paralysie qui les empêche de suivre plus tard le développement du squelette. Ils restent proportionnellement plus courts, et de cette brièveté relative et progressive résulte nécessairement le déversement, le bridement de la portion du squelette (et de l'épine pour le cas dont il s'agit), point de départ et siége de la difformité.

Voilà donc une série de cas qui étendent légitimement le domaine de la rétraction musculaire. Ces cas peuvent être considérés comme des émanations de maladies internes, dans lesquelles le cerveau et la moelle épinière sont indirectement compromis. Mais il se présente une autre série, celle qui résulte des causes extérieures, causes qui s'adressent directement aux muscles, ou plutôt aux élémens nerveux qui les animent. Les faits renfermés dans cette catégorie ne sont pas moins réels que les précédens.

On sait depuis longtemps que des blessures, des plaies, des abcès du mollet donnent lieu à un raccourcissement des muscles qui le composent, et ce raccourcissement à l'extension permanente du pied sur la jambe, c'est-à-dire au pied-bot équin. Ce fait, vulgaire pour le pied-bot, n'avait pas encore été considéré dans ses rapports avec la déviation de l'épine. Cependant les cas de contracture par suite de chutes, de coups, de blessures des muscles du dos se montraient assez souvent aux yeux des personnes qui s'occupent de ces maladies : leurs préoccupations étaient telles, et leur esprit était si éloigné du rapport qui existe entre les circonstances dont je viens de parler et la difformité qui en résulte, qu'elles regardaient l'énoncé de ces circonstances comme des fictions imaginées par les malades pour se rendre compte de leur difformité. Elles ne savaient pas, en effet, la liaison qu'il pouvait y avoir entre une chute, un coup donné sur les muscles du dos, et une déviation de la colonne. Non seulement cet ordre de faits existe bien réellement; non seulement les muscles contus sont frappés de rétraction; mais les formes anatomiques des déviations auxquelles ces accidens donnent naissance sont empreintes de caractères que j'ai indiqués dans la précédente partie de ce mémoire. Je n'ajouterai pas qu'une foule de maladies accidentelles, comme le rhumatisme, la courbature, les maladies éruptives, peuvent elles mêmes se résoudre dans la contracture de certains muscles. Il me suffit d'indiquer rapidement ces causes, pour montrer la liaison qui existe entre elles et les difformités qui peuvent en être la suite; car, bien que la lésion nerveuse ne se traduise, dans ces cas, que par la lésion du muscle lui-même, il est impossible, avec nos connaissances physiologiques actuelles, de récuser la justesse de l'induction, qui fait remonter de la rétraction du muscle à la lésion du nerf qui le dessert. Les muscles n'ont de motilité que par les nerfs; toutes les manifestations de cette propriété leur viennent des nerfs; les maladies nerveuses les mieux constatées modifient directement la motilité, depuis la contracture jusqu'à la paralysie complète : on peut donc, dans les cas où la rétraction spasmodique existe seule, et bornée à un seul muscle, conclure à une affection des rameaux ou filets nerveux qui s'y distribuent, c'est-à-dire, conclure de l'effet à la cause, quand la cause a été si bien vue produire cet effet.

Tel est le domaine général de la rétraction musculaire active comme cause des déviations latérales de l'épine. Après avoir énuméré les circonstances où cette cause est l'agent exclusif, ou au moins le seul et actif intermédiaire de causes plus éloignées, pour produire la déviation de l'épine, il me reste à démontrer que la rétraction musculaire active envahit encore, dans certains cas, le domaine des autres causes accidentelles de ces déviations, c'est-à-dire qu'elle entre pour quelque chose dans la production d'une partie de ces difformités. Cette circonstance, qui étend et généralise presque le domaine de la rétraction musculaire, comme base de l'étiologie de toutes les déviations latérales de l'épine, pourrait me jeter dans la confusion et l'exagération : je me hâte, pour prévenir cet inconvénient, et donner à cette cause, dernière partie de mon travail, le caractère de la démonstration, que je crois avoir donné aux précédentes, de la subordonner à une question de principe, aussi nettement posée que rigoureusement résolue.

QUATRIÈME QUESTION.

EXISTE-T-IL DES MOYENS CERTAINS DE DISTINGUER LES DÉVIATIONS QUI SONT LE PRODUIT DE LA RÉTRACTION MUSCULAIRE ACTIVE, DE CELLES QUI SONT DUES A D'AUTRES CAUSES ?

En annonçant que le plus grand nombre des déviations latérales de l'épine sont le produit de la rétraction musculaire active, j'ai implicitement reconnu que d'autres causes, mais moins fréquentes, peuvent donner lieu à des difformités du même nom. Il y a donc, à mes yeux, des déviations de l'épine autres que celles qui sont causées par la rétraction primitive des muscles du dos. Je tiens à faire cette déclaration explicite pour n'être point accusé de me mettre en opposition avec les faits, et en contradiction avec ce que j'ai écrit précédemment. J'ai, en effet, établi, et le rapport de l'Académie sur mes premiers travaux en fait foi, qu'il existe des déviations de l'épine *musculaires passives, des déviations musculaires actives* et des *déviations osseuses.* C'est là un fait officiellement authentique. La fréquence relative de ces déviations, par rapport à celles qui m'occupent spécialement aujourd'hui, est inutile à établir pour le moment. Elle l'est implicitement par l'indication que j'ai déjà donnée des conditions dans lesquelles la rétraction musculaire progressive s'exerce. Les rapports numériques entre ces diverses déviations pourront être donnés plus tard, mais sans aucun bénéfice pour éclairer leur origine et leur nature, seul but et seule utilité qu'on doive en général rechercher dans la statistique des faits médicaux, car elle est parfaitement inutile quand l'origine et la nature différentielles des faits sont réellement connues. Mais pour qu'on soit fondé à déclarer cette connaissance rigoureusement établie à l'égard des déviations de l'épine, il faut non seulement avoir constaté la réalité des causes différentielles de ces difformités, mais les moyens de reconnaître chacune d'elles en particulier quand elles se présentent, et, par conséquent, de ne pas les confondre, car cette condition, importante pour la détermination et la notion scientifique, ne l'est pas moins pour l'application thérapeutique.

Et d'abord, j'ai établi dès longtemps une loi relative au rapport intime qui existe entre les causes essentielles des difformités du système osseux et les caractères à l'aide desquels elles se traduisent. Cette loi, dont la généralité est loin de se circonscrire dans l'ordre de faits qui nous occupe, établit que « les causes essentielles des difformités du système osseux possèdent une telle spécificité d'action à l'égard des déformations auxquelles elles donnent naissance, que chacune de ces causes se traduit à l'extérieur par des caractères qui lui sont propres, et à l'aide desquels on peut, en général, par la difformité diagnostiquer la cause, et par la cause déterminer la difformité. » Si cette loi est rigoureusement exacte, elle doit, pour s'appliquer aux difformités de l'épine, résoudre par l'affirmative la dernière question que j'ai soulevée.

Toutes les déviations latérales de l'épine offrent des phénomènes communs et des phénomènes propres. Ce fait est une première conséquence de la loi qui précède. Lorsqu'une cause quelconque tend à faire dévier la colonne de la verticale, dans la condition de la station debout, au même moment a lieu un mouvement instinctif des agens musculaires du tronc, pour maintenir ou rétablir l'équilibre, un instant troublé. Le mode d'action de la cause primitive de la déviation décide et détermine les caractères propres, et les efforts pour rétablir l'équilibre, efforts nécessaires dans toutes les déviations, puisqu'ils tiennent à la verticalité de l'épine, décident et déterminent les caractères communs. Dans toute déviation il y a donc des caractères propres, dépendant d'une cause spéciale, et des caractères communs produits par des conditions dynamiques communes, c'est-à-dire par les conséquences de la verticalité de la colonne. Ce principe était utile à établir, car il fait apercevoir au-delà des analogies superficielles, des caractères spécifiques différentiels certains, et il établit la combinaison des caractères des deux ordres, dont il importe de connaître l'existence et le siége, pour ne pas s'exposer à les confondre et conclure de l'existence de certaines ressemblances apparentes, à l'absence de différences et d'oppositions réelles. Or, comment se traduisent les phénomènes caractéristiques de chaque espèce de déviation et les phénomènes communs à tous?

J'ai dit que toute cause de déviation latérale de l'épine se résout nécessairement en une action mécanique, qui a pour offet de placer cette tige, en tout ou en partie, en dehors de la verticale. J'ai développé ailleurs ce fait, qui est l'intermédiaire absolu, nécessaire, de toutes les causes de déviations latérales de la colonne. La faiblesse musculaire générale, le défaut d'antagonisme parfait entre les muscles homologues du dos, la paralysie de quelques-uns d'entre eux, l'inclinaison anormale du plan de sustentation de la colonne, l'inégalité primitive des deux moitiés du squelette, le rachitisme ou les scrofules, toutes causes parfaitement établies et généralement reconnues, n'ont pas d'autre manière de produire des déviations de cette tige. Eh bien! chacune de ces causes a, comme la rétraction musculaire primitive, son extériorité propre ; chacune s'entoure, comme cette dernière, d'une collection d'effets, qui débordent presque toujours le fait et le théâtre de la déviation, mais qui éclairent son origine; chacune met dans la physionomie de la difformité un ensemble de caractères, résultant du rapport intime de toute cause avec les parties qu'elle modifie. C'est ainsi que la faiblesse musculaire et ligamenteuse, qui donne lieu, sous l'action verticale de la pesanteur, à une espèce de déviation de l'épine, se manifeste dans tous les muscles et dans tous les ligamens, dans toutes les articulations du squelette, en même temps que la forme spéciale de la difformité accuse d'une manière rigoureuse le défaut de résistance de la colonne et des muscles destinés à la maintenir contre l'action verticale incessante du poids des parties supérieures. C'est ainsi que, dans une variété de déviations de la même espèce, celle produite par une élongation trop rapide et disproportionnée de la colonne, le défaut de rapport entre la longueur totale du corps et de la colonne entre la hauteur de la taille et l'âge du sujet, joint au siége spécial de ces déviations, à leur forme déterminée, à l'étendue et à la direction de leurs courbures, au rapport de la torsion avec ces dernières, ne laisse aucun doute sur leur origine ; c'est encore ainsi que les déviations rachitiques et scrofuleuses, expressions localisées de causes qui occupent toute l'économie, éclairent leur origine au reflet des autres effets de ces mêmes causes, tandis que la manière dont ces causes réalisent la déviation accuse de son côté l'essentialité de leur nature. Il serait trop long de cataloguer ici tous les caractères spécifiques de chaque cause : qu'il me suffise de dire que je les ai formulés ailleurs avec toute la précision nécessaire, et avec tous les développemens dont ils sont susceptibles, et on pourra s'en rapporter provisoirement à cette déclaration, par l'application que j'ai faite de cette doctrine à la détermination des déviations par rétraction musculaire active. Or, toutes les déviations essentielles sont, comme ces dernières, reconnaissables à cet ensemble de caractères généraux et locaux, reconnaissables à l'absence des caractères appartenant à d'autres espèces, abstraction faite des caractères communs à toutes. Or, quels sont ceux qui sont communs à toutes les espèces de déviations ? Précisément ceux qui émanent d'un certain degré d'intervention de la rétraction musculaire active, qui, comme je l'ai dit plus haut, se mêle à toutes les déviations, concourt à leur développement pour une part très difficile à déterminer.

J'ai dit plus haut que toutes les causes essentielles des déviations de l'épine marquaient, chacune à leur manière, le point de départ des difformités auxquelles elles donnent naissance ; que ce point de départ consistait en une certaine manière de déplacer la colonne de la verticale. Ce premier élan donné à la déviation, presque aussitôt les muscles de l'épine interviennent pour retenir ou ramener cette tige dans la ligne de gravité, et il s'établit une lutte entre ces deux puissances, la cause de l'inclinaison pathologique d'une part, et les muscles destinés à maintenir l'équilibre de l'autre, lutte à la suite de laquelle se produisent les courbures alternes, dont est toujours composée toute déviation de l'épine. Or, qu'est-ce que cette action des muscles du tronc produisant des courbures de balancement, sinon un mode particulier de la rétraction musculaire active, qui a pour résultat de déterminer un certain degré de raccourcissement dans les muscles employés à la production de ces mêmes courbures, proportionné à l'effort qu'ils doivent faire pour maintenir la colonne dans la ligne de gravité ? Ce mode de rétraction, dont la forme, l'influence et les effets sont les mêmes que ceux de la rétraction primitive, essentielle, diffère néanmoins quant à son motif et son origine; c'est pour cela que, si je l'ai placé à la suite de l'histoire de la rétraction musculaire spasmodique, comme offrant, dans des limites plus restreintes, certaines indications au traitement chirurgical des déviations de l'épine, je veux aussi lui conserver sa signification différentielle par une appellation propre : je nomme ce mode de rétraction *la rétraction active secondaire*, et ainsi je la différencie de la rétraction primitive et de la rétraction purement passive qui adapte la forme et les dimensions des muscles au trajet qu'ils parcourent et à l'espace qu'ils occupent. On peut donc dire, pour résumer cette dernière partie de mon mémoire, que la rétraction musculaire active secondaire est l'agent des courbures de balancement dans les déviations dépendantes de causes autres que la rétraction musculaire spasmodique, et que les caractères propres à ces courbures, qui se retrouvent dans toutes les déviations, constituent les caractères que j'ai appelés communs.

Telle est l'étiologie générale des déviations latérales de l'épine dans ses rapports avec la rétraction musculaire active. Dans un prochain mémoire, je mettrai cette étiologie générale en regard des variétés anatomiques des déviations qu'elle produit, et montrerai que chacune de ces dernières est l'expression de la rétraction musculaire active, différemment distribuée dans les muscles de la colonne et du dos.

FIN.

www.ingramcontent.com/pod-product-compliance
Ingram Content Group UK Ltd.
Pitfield, Milton Keynes, MK11 3LW, UK
UKHW020438220726
13923UKWH00005B/2207

9 782019 267322